AF561927

LETTRES
D'UN PROLÉTAIRE
A MESSIEURS
LES ÉLECTEURS DE 1817.

DE L'IMPRIMERIE DE BRASSEUR AINÉ,
RUE DES ARCIS, N° 22.

LETTRES
D'UN PROLÉTAIRE

A MESSIEURS

LES ÉLECTEURS DE 1817,

PAR M. MONNIN.

A PARIS,

Chez PLANCHER, Editeur des OEuvres complètes de Voltaire, en 35 vol. in-12, et du Manuel des Braves, rue Serpente, n°. 14.

1817.

Ces Lettres seront suivies de plusieurs autres, adressées à MM. les membres de la Chambre des Députés,

Sur le patriotisme,
Sur la liberté de la presse,
Sur l'opposition,
Sur le recrutement,
Sur l'organisation des armées,
Sur l'instruction publique,

Dans une Monarchie constitutionnelle.

LETTRES D'UN PROLÉTAIRE

A Messieurs les Electeurs,

pour l'an 1817.

PREMIÈRE LETTRE.

Cette première Lettre a pour but de prouver à Messieurs les Electeurs qu'ils sont dans l'obligation d'assister aux Colléges électoraux.

Dans la Seconde j'examinerai qu'elles sont les qualités de MM. les éligibles qui peuvent appeler leur confiance et mériter leurs suffrages.

MESSIEURS,

JE n'ai pas la prétention de vous indiquer quels sont, parmi les Français éligibles, ceux qui méritent vos suffrages : quand mes regards pourraient s'élever jusqu'à la sphère qu'ils occupent, ils ne sont pas assez perçans pour y distinguer leurs vertus et leur mérite particuliers. C'est à vous, qui les verrez confondus dans vos rangs, aux Colléges électoraux, qu'il appartient de faire cette utile distinction. Déjà plusieurs listes de candidats vous ont été présentées, j'y ai reconnu des noms imposans, mais ils ne me séduisent pas; ils appartiennent à des hommes qui ont manifesté trop d'opinions différentes; d'ailleurs pour avoir des principes certains, il faut aux nouvelles choses des hommes nouveaux.

Cette espèce de candidature n'est à bien prendre qu'une jonglerie politique, où l'égoïsme et l'esprit de parti se cachent sous le voile de l'anonime, ou se dissimulent sous des noms empruntés. C'est une bassesse de la part de celui qui se fait ainsi proposer; c'est une maladresse de la part de celui qui propose: et, fussent-ils de bonne foi l'un et l'autre, on est toujours tenté de supposer entre eux une dangereuse connivence. Je ne connais qu'une sorte de candidature, c'est de solliciter publiquement, c'était celle des Romains; elle suppose des vertus ou du moins de bonnes intentions. Le guerrier qui demande le combat, s'il n'est sûr de sa force, l'est au moins de son courage.

Mais je m'écarte de mon but; je veux seulement vous faire considérer vos devoirs sous un point de vue plus général. Si j'étais électeur je n'écrirais pas, je ferais plus, je donnerais l'exemple; n'ayant pas cet honneur, je hasarde quelques conseils avec d'autant plus d'assurance qu'ils sont toujours bien accueillis par ceux qui n'en ont pas besoin. Privé du droit d'élire et de celui d'être élu, en vous en parlant je me dédommage de cette privation; c'est une juste compensation qu'on ne sera pas tenté de m'envier : je parlerai sans intérêt personnel, car je n'ai ni suffrage à vendre, ni suffrage à solliciter. Je ne suis ni prêtre, ni noble, ni dévot, ni impie, ni rentier, ni commis, mon opinion ne peut donc se trouver en opposition qu'avec celles des sectes, des factions, des corporations et des coteries; mais elle se confondra avec le vœu du plus grand nombre. Je n'ai qu'un bien à prétendre, c'est le libre exercice de mes facultés physiques et morales; les lois, mon Prince, la liberté peuvent seuls m'en assurer la jouissance, j'en suis donc le partisan déclaré. Dans mes momens de loisir j'ai lu l'histoire, j'ai étudié la révolution sur le terrain; l'une m'a donné des idées, l'autre de l'expérience. Tout bien considéré mes conseils peuvent être sages; ils seront sûrement désintéressés, exempts de l'influence des partis et de l'autorité : étranger à ceux-là, je suis trop loin de celle-ci pour qu'elle m'impose plus que du respect. Cet avantage, qu'ils tiendront de ma position, doit vous les faire distinguer de ceux que l'on vous a donnés jusqu'à présent, et peut-être encore de ceux que l'on vous donnera par la suite.

Au milieu des orages de la révolution, j'ai souvent entrevu les moyens de les dissiper. Si je ne les ai pas fait connaître, c'est insouciance et non faute de courage ; on n'aurait pas entendu ma voix au milieu du fracas des passions. Si je parle aujourd'hui, c'est que l'espoir du bonheur public en a reveillé l'amour dans mon cœur, et que je ne veux plus être au repentir de mon silence lorsqu'il me paraît utile de le rompre.

Par la première constitution dont nous ayons fait l'essai depuis que des barbares, après nous avoir dépouillé de nos terres et de notre liberté, nous ont laissé leurs noms ; une contribution de la valeur de trois journées de travail conférait tous les droits politiques ; cela était juste, mais il semble que l'expérience ait prouvé que cela était dangereux, et en politique l'utilité passe avant la justice. La constitution directoriale, inventée par les passions, mise en mouvement par la violence, ne fut que l'organisation de l'anarchie : elle excitait le mépris et favorisait toutes les ambitions ; un soldat la renversa, et sur ses débris il éleva la plus odieuse et la plus forte des tyrannies. Notre première organisation politique ne date donc que de la Charte, qui commence véritablement une nouvelle ère pour la France.

Par cette Charte, sur laquelle reposent à la fois le trône et la liberté, le droit de nommer les députés n'est conféré qu'aux citoyens qui payent trois cents francs de contributions directes. Pour épargner aux prolétaires la peine de choisir parmi ces contribuables, la loi sur les élections veut que tous les Electeurs de droit soit Electeurs de fait.

L'expérience seule pourra faire connaître les avantages ou les inconvéniens de cette loi : elle existe, il faut la mettre en usage avec confiance et dans toute son étendue.

Vous êtes destinés, MM., à en faire le premier essai : l'honneur et l'intérêt public vont bientôt vous appeler aux Colléges électoraux, vous y porterez sans doute à la fois l'amour du trône et de la patrie ; vous y voterez, non pour vous mais pour tous ceux qui, n'étant pas Electeurs, ont autant d'intérêt que vous à ce que les charges de l'Etat soient également réparties, à ce que l'impôt soit en stricte proportion avec les besoins du Gouvernement, à ce qu'aucune loi ne viole ni la liberté, ni l'égalité. Vous devez vous considérer comme le premier degré de la représentation nationale, dont les députés sortis de votre sein sont le second. Ce n'est pas vous que ces députés représente, c'est le peuple entier dont vous n'êtes collectivement que la cent soixante dix-huitième partie. Vous êtes ses mandataires, vous votez en son nom, et l'honneur vous oblige à ne donner vos suffrages qu'à des hommes dignes de sa confiance. Gardez-vous de croire que les Colléges électoraux soient toute la cité, et que le reste des Français, chargés de devoirs positifs, n'ait cependant que des droits purement négatifs. Quelle étrange nation serait celle qui concentrerait tous ses droits dans un privilége accordé à la cent soixante dix-huitième partie des individus qui la composent ! Non, MM.; non, personne de nous ne croit être dépouillé des droits que la justice et la nature lui accordent. Nous croyons seulement que la Charte vous charge de les exercer en notre nom et pour l'intérêt du peuple. Il ne vous nomme pas, mais la fortune et la loi vous tirent au sort parmi les vingt-cinq millions de citoyens qui le composent. En effet ce n'est pas parce que vous êtes de telle caste, de telle famille; parce que vous avez telle qualité, telle vertu; ce n'est pas parce que vous êtes vous, que la Charte vous donne le titre d'Electeur, c'est parce que vous payez trois cents francs de contribution; c'est parce que cette contribution vous suppose assez de fortune et de loisir pour en remplir les fonctions, et la faculté de subvenir aux frais du voyage qu'elles exigent de quelques-uns de vous; c'est parce que si, d'un côté, vos propriétés garantissent votre amour pour l'ordre et la tranquillité publique, de l'autre elle garantissent votre indépendance; c'est parce que si elles sont acquises par vous elles sont une preuve de votre intelligence et de votre industrie, et si elles sont un patrimoine elles vous supposent une éducation soignée, et par conséquent des lumières et des vertus qui vous mettent à l'abri des piéges, des erreurs où les partis et les passions pourraient faire tomber d'ignorans et pauvres prolétaires. D'un autre côté les relations que les besoins réciproques établissent entre vous, les classes inférieures et supérieures des contribuables, vous mettent à même de connaître les voeux et les opinions des unes, les sentimens et les lumières qui distinguent les autres, et de faire des choix dignes de la nation. En un mot, si vous êtes les dépositaires de nos droits, et les premiers gardiens de nos intérêts, c'est que vous n'en avez pas d'autres que nous, et que, par votre position, votre fortune, vos connaissances, vous êtes plus capables de les défendre que nous.

De ces principes, que je crois incontestables, il résulte MM. la conséquence naturelle que ce n'est point un droit que la Charte vous accorde, mais des devoirs qu'elle vous impose; devoirs dont vous ne pouvez vous dispenser sans tromper la confiance du peuple, sans abuser du titre de mandataire que la loi vous accorde.

Le premier de ces devoirs est de vous rendre au poste qui vous est assigné; le second est de vous y montrer dignes des fonctions dont vous serez chargés, fonctions qui deviennent un droit parce qu'elles sont un honneur, parce qu'elle vous rendent les premiers interprètes de l'opinion nationale, et les premiers défenseurs de la liberté publique. Pour mériter cet honneur vous devez vous rendre tous aux Colléges électoraux, bien persuadés que s'il est permis de négliger ses propres intérêts, on est dans l'obligation de veiller à ceux du public lorsqu'on en est chargé par la loi, et que, s'il est criminel de vendre son suffrage, il est au moins honteux de ne pas le donner.

Ah! si jamais il vous était permis de négliger le premier de vos devoirs, le plus beau des droits, serait-ce lorsqu'il s'agit de faire le premier essai d'une loi qui vous charge de l'un et vous accorde l'autre? Serait-ce dans un moment où d'ambitieuses prétentions, fondées sur votre négligence, inquiètent ou agitent encore tant d'esprits, dans un moment où vos suffrages peuvent fixer les destinées de la France, dans un moment où une partie de l'Europe porte sur nous des regards inquiets et surveillans, tandis que l'autre y porte ceux de l'espoir et de la bienveillance? Déchirés par les factions, en proie aux fureurs de l'anarchie ou courbés sous un sceptre de fer, nous avons fait trembler nos voisins: une gloire plus grande, plus durable, nous attend, celle de faire leur bonheur par l'exemple du nôtre, de leur donner nos lois pour modèles, après en avoir été la terreur par la force de nos armes; c'est à vous, MM., qu'il est donné de nous préparer cette nouvelle destinée, cette gloire encore inconnue aux nations modernes, de gouverner par la sagesse après avoir dominé par la force. Ce n'est pas, sans doute, dans de telles circonstances que vous négligerez d'assister aux Colléges électoraux, où vous attend une partie de cet honneur et de cette gloire nouvelle.

La patience et la constance sont pour les particuliers des vertus, dans les malheurs irréparables. Il n'en est point de tels pour les nations, si ce n'est la honte, et celui-là est encore loin de nous. Nous avons éprouvé de grands maux, le remède est dans notre union, dans notre force, dans notre énergie, et dans la sagesse du Prince. Ne peut-on pas, dira-t-on, lui abandonner le soin de vos destinées? Propos d'esclaves! les destinées d'un peuple n'appartiennent qu'à lui; il faut qu'il délibère, qu'il connaisse ses intérêts pour être fort, autrement il appelle sur lui la honte, et ce mal est sans remède. Sans doute nous devons compter sur le Roi, mais le Roi compte aussi sur la nation; il est sage, et la première sagesse d'un Monarque est de marcher à la tête du peuple, et pour le peuple; aussi veut-il s'environner de toutes nos vertus et de toutes nos lumières : il ne veut ni partis, ni castes privilégiées; il ne voit dans tous les Français que des citoyens. Il veut nous donner des lois nationales, protectrices de la liberté, et qui soient l'expression de l'esprit public; des lois inviolables et sacrées pour ses successeurs, car il sait que tous les rois ne sont pas des Titus. Il vous appelle les premiers pour concourir à ce grand ouvrage, serez-vous sourd à sa voix, à celle de votre devoir et de votre intérêt? Electeurs insoucians, abandonnerez-vous le choix des députés à la fougueuse activité des partis ennemis du Monarque et des lois? Voulez-vous que ce Prince, exerçant encore un pouvoir dont il n'usera jamais qu'avec regret, réforme pour la seconde fois des choix dangereux? Faudra-t-il que la défense de vos droits, de votre liberté, soit encore confiée à des hommes qui ne rêvent que gothiques priviléges; que celle de vos lois, de vos propriétés, que la tranquillité publique enfin soit remise à ceux qui ne veulent que révolution ou tyrannie. Sachez que si vous ne vous rendez pas tous aux Colléges électoraux, tels seront les effets de votre coupable indifférence. C'est elle qui a perpétué les orages de la révolution ; c'est elle qui a fait peser sur la France le pouvoir de Bonaparte ; c'est elle qui vous a fait croire indignes de la liberté ; parce que jamais la nation n'a été représentée. Les partis seuls assistaient aux élections que fuyait la modération pusillanime. Sans doute la modération est une vertu, mais c'est lorsque courageuse, elle étouffe les passions sous le poids de son inébranlable immobilité ; cette fière et noble modération ne consiste pas à s'éloigner du tumulte, mais à ne pas s'en laisser agiter.

Si les hommes modérés désertent les Colléges électoraux, les partis ennemis feront du terrain qui leur sera abandonné, leur champ de bataille : je les vois déjà se mesurer, s'attaquer, et tour à tour vainqueurs ou vaincus, se faire de mutuelles concessions, et n'envoyer à l'assemblée des députés que des ennemis de la Charte. Et cette assemblée, dont tous les efforts devaient tendre à l'affermissement de vos lois et de votre bonheur, ne présentera que de fougueux athlètes qui, luttant l'un contre l'autre, soutenant avec fureur leurs diverses prétentions, ne s'entendront que pour tout détruire, et ramèneraient enfin le despotisme ou l'anarchie, si la sagesse du Prince n'était plus forte que toutes leurs passions.

Mais qu'aura-t-il donc à espérer ce Prince d'un peuple qui veut la liberté et ne sait point la défendre; qui veut des lois et ne peut se préserver de l'anarchie? Quel remède lui restera-t-il contre tant de maux, encore des lois d'exception; lois dangereuses qui laissent en problême la sagesse de la Charte, et sont une insulte pour le Prince lui-même; lois odieuses qui avilissent la nation, et dépopularisent le Gouvernement?

Electeurs sages et modérés, soyez Français, soyez zélés et courageux; sortez pour un moment du sein de vos familles, allez aux élections veiller à vos intérêts, et ces nouveaux malheurs ne viendront pas affliger notre patrie.

Les hommes de parti chercheront à vous en détourner, les passions redoutent la présence de la sagesse; ils vous représenteront comme indifférente, peut-être comme dangereuse, une démarche qui cependant est une obligation sacrée.

Ils vous diront que les députés sont désignés d'avance par l'autorité dont il serait inutile de contrarier l'influence. Vaine et ridicule allegation; ils veulent vous éloigner du poste où ils brûlent de se rendre, pour voter en faveur des ennemis de ce gouvernement dont ils affectent de redouter l'influence.

Ils exagéreront aux pères de famille, la dépense qu'entraîne un voyage et un déplacement de quelques jours; mais quel est le français qui se laisserait arrêter par un semblable motif.

Ils vous menaceront des orages que leurs passions préparent aux Colléges électoraux... Oui, sans doute, ils pourraient être orageux si vous vous en éloignez... Mais sachez qu'où se trouve la sagesse et la modération il n'y a plus de place pour les passions; il leur faut du terrain pour s'agiter. Elles sont étouffées où tout est rempli. Les factions n'ont point de prises où tous les intérêts sont représentés. Ne craignez donc ni les orages, votre présence les dissipera, ni l'influence de l'autorité, elle n'y sera que protectrice, votre nombre la rendra nulle si elle veut être autre chose.

Allez donc aux élections, citoyens laborieux, cultivateurs industrieux, militaires mutilés, qui n'avez paru sur la scène de la révolution que pour y faire des sacrifices à la patrie. Allez-y amis des lois et de la liberté, du trône et de la Charte, votre présence éloignera les factieux, et s'ils y paraissent ils apprendront enfin par la sagesse de vos choix, que la France ne veut ni despotisme, ni révolution, ni priviléges, ni intolérance, et qu'après vingt-cinq ans d'agitation elle veut enfin consolider et perfectionner ses lois, à l'ombre d'un trône, et respirer dans le repos et la liberté.

Fin de la première Lettre.

LETTRES
D'UN PROLÉTAIRE
A MESSIEURS
LES ÉLECTEURS DE 1817.

DE L'IMPRIMERIE DE GILLE.

LETTRES
D'UN PROLÉTAIRE
A MESSIEURS
LES ÉLECTEURS DE 1817,

PAR M. MONNIN.

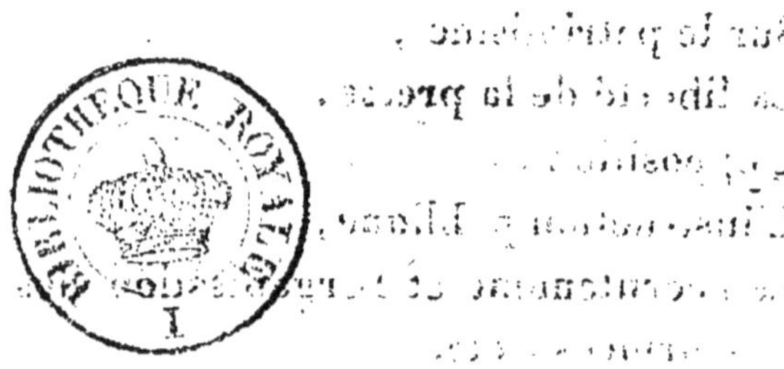

A PARIS,

Chez PLANCHER, éditeur des Œuvres de Voltaire en 35 volumes in-12, et du Manuel des Braves, rue Serpente, N.° 14.

1817.

Ces lettres seront suivies de plusieurs autres, adressées à MM. les Membres de la Chambre des Députés,

Sur le patriotisme, La liberté de la presse. L'opposition, L'instruction publique, Le recrutement et l'organisation des armées, etc.	Dans une Monarchie constitutionnelle.

LETTRES
D'UN PROLÉTAIRE
A MESSIEURS
LES ÉLECTEURS DE 1817.

DEUXIEME LETTRE.

J'AI tâché de vous prouver dans ma première lettre que votre honneur, votre intérêt, votre devoir vous appelaient impérieusement aux collèges électoraux. Dans celle-ci j'entreprends de vous indiquer à quels signes vous reconnaîtrez parmi MM. les éligibles ceux qui méritent votre préférence, et quelles sont les qualités qui doivent plus particulièrement appeler vos suffrages. Pour ne pas m'égarer moi-même dans cette importante recherche, je crois qu'il n'est pas hors de propos que je porte mes regards au loin sur le passé. Il me fournira les moyens de reconnaître le terrain que nous occupons, et peut-être d'y trouver la route qui doit nous conduire au bonheur. Ce n'est qu'en calculant les progrès de l'esprit public que l'on peut fixer le terme où ils doivent s'arrêter.

Esclaves des Romains durant plus de quatre siècles; leur politesse, leur langue, leurs arts qu'ils nous avaient apportés avec leurs lois, nous dédommageaient de la perte de notre liberté. Une religion nouvelle, toute contemplatrice, adoucissait les maux de l'esclavage par l'espoir d'un avenir où les peines de cette vie seraient récompensées par une éternelle félicité. Nous étions disposés à tout souffrir; et des barbares du Nord, ayant vaincu nos premiers conquérans, n'eurent point de peine à nous imposer des fers plus pesans que ceux que nous avions portés jusqu'alors. Aux maux de l'esclavage ils ajoutèrent ceux de l'ignorance. Les arts, l'industrie, la raison, tout disparut pour nous; il ne nous resta pas même le sentiment de notre infortune. Durant cet oubli de nous-mêmes, durant cette longue léthargie de l'esprit humain, la politique et la religion firent le pacte le plus odieux à l'humanité. Les Romains avaient fait de nous des tributaires, elles en firent des bêtes de somme. Nos terres furent partagées entre les prêtres et les vainqueurs; et, tandis que ces usurpateurs se disputaient la puissance, malheureux, attachés à la glèbe; nous leur portions d'une main soumise les fruits de nos sueurs. Sans frein, sans lois, méprisant toute autorité, toujours les armes à la main, ils se disputaient les hommes comme des tigres affamés se disputent un troupeau de bétail; et nous ne passions d'un maître à un autre que pour voir augmenter le poids de nos chaînes. L'anarchie entre les grands, le mépris pour les rois, l'esclavage du peuple, tel fut le spectacle que présenta la France durant toute la première race. Au commencement de la seconde, le règne de Charlemagne brille comme un éclair au milieu des épaisses ténèbres d'une nuit orageuse. Ses descendans se disputent les débris de son Empire, les frères s'égorgent entr'eux, les vassaux s'élèvent, les Rois sont abaissés, les papes excitent toutes ces querelles; aidés de l'ignorance et de l'opinion, ils commandent à la force, ils excitent les sujets contre leurs Rois; nul frein à l'ambition, nulles bornes à la cupidité; rien n'égale les horreurs de l'anarchie, si ce n'est celles de l'esclavage. Une chose digne de remarque dans ces temps d'ignorance et d'atrocité, fut que l'opinion parvint à régner sur la force, et que, si celle-ci avait mis l'espèce humaine en servitude, la superstition parvint à lui persuader qu'elle était née pour servir.

Cet état des choses se maintint encore sous

les premiers Rois de la troisième race. Mais enfin, l'idée la plus extravagante qui jamais ait été conçue par les dominateurs du monde, celle des croisades amena des changemens avantageux à l'humanité.

Tandis que cette folie entraînait dans l'Orient les princes de l'Occident, l'absence des maîtres permit aux esclaves de respirer.

Sous Saint-Louis on voit déjà paraître quelques lueurs de justice, et quelques principes de droit public. Les esclaves peuvent appeler au Roi des jugemens de leurs Barons, et déjà dans quelques parties de la France ils sont quelque chose de plus que des animaux domestiques. Ce grand Roi, l'honneur de son siècle et de sa race, ne fut point aveuglé par la superstition, au point d'abaisser son sceptre devant l'orgueil de la tiare. Il fut plus grand que Charlemagne, parce qu'il fut plus juste et plus humain, et que ses fautes ne furent pas celles d'un caractère féroce.

Au retour des croisades, les Seigneurs, dont le luxe, les arts et la politesse de l'Orient avaient adouci les mœurs, rapportèrent de nouveaux besoins, de nouveaux désirs et plus d'aménité. Ils sentirent le prix de l'industrie, et il s'établit entre eux et leurs serfs des rapports plus favorables à ceux-ci. On fut obligé de ménager des hommes dont on attendait des services, auxquels on ne pouvait pas les contraindre. Les chants des Trouvers se firent entendre, la mollesse s'introduisit dans les châteaux; les tournois où les dames assistaient amenèrent la galanterie; celle-ci fit naître des idées chevaleresques. Elles remplacèrent celles d'oppression et de déprédation qui avaient dominé jusqu'alors.

Au milieu de tout cela, le commerce et les arts rassemblaient les hommes dans les villes. Des affranchissemens successifs, des droits accordés aux communes, commençaient à former ce tiers-état qui, sous le règne de Philippe-le-Bel, fut admis aux états-généraux, et s'y montra bien plus digne que la noblesse et le clergé de soutenir la couronne, qu'une excommunication du pape avait mise en péril. Si le noble dévouement de cette classe de la nation, jusqu'alors si vile, la rendit chère aux princes, elle paya leurs bienfaits par un amour qui s'accrut de règne en règne avec ses droits et sa liberté.

Oui, Messieurs, si chaque règne faisait faire un pas à la liberté publique, chaque règne consolidait le trône, que l'amour national mettait à l'abri de l'ambition des grands. Ces Rois, idolâtrés, à juste titre, par un peuple reconnaissant, auquel ils frayaient la route de la prospérité, n'eurent plus à redouter ni les prétentions ultramontaines, ni l'ambition des seigneurs. Chaque jour les vœux publics assuraient leurs droits au trône, et la légitimité devint bientôt sacrée, même aux yeux de ces vassaux qui s'en étaient toujours montrés les plus fiers ennemis. Qu'aurait pu l'aristocratie contre un trône devenu national, depuis que les Rois n'étaient plus les chefs de la noblesse, mais ceux d'un peuple sorti par leurs soins de la stupeur et de la longue léthargie où l'avait tenu la puissance anarchique de ses Seigneurs.

Tandis que l'industrie et le commerce enrichissaient le peuple, le luxe, l'ignorance et l'oisiveté appauvrissaient la noblesse. La guerre même ne pouvait réparer ses pertes, parce qu'on ne combattait plus pour dépouiller le peuple de ses terres, mais pour le soumettre; parce que l'industrie pouvait facilement soustraire et ses capitaux et ses instrumens; à la cupidité des vainqueurs; parce qu'après la conquête d'un pays, il fallut ménager les droits des habitans, et se les attacher par la justice après les avoir soumis par la force.

Ce fut un spectacle bien glorieux pour le tiers état, que celui qu'il présenta sous le malheureux règne de Charles VII: il sut par ses propres efforts défendre un trône que la noblesse et les parlemens avaient vendus à l'Angleterre. Dès ce moment il conserva les armes qu'il s'était montré si digne de porter, et nos milices nationales ne laissèrent plus aux nobles le pouvoir de disposer de la couronne et de vendre l'état. Dès ce moment il fut décidé qu'ils ne joueraient plus en France qu'un rôle secondaire.

Le peuple qui portait les charges, le peuple qui portait les armes, dut être bien autrement précieux aux yeux d'une suite de monarques sages, qu'une classe privilégiée qui ne contribuait à la défense du trône que par quelques gouttes de son sang mêlées aux flots de celui que ce peuple versait sur les champs de bataille.

Sous le règne de Louis XIII Richelieu ennoblit les lettres; sous celui de Louis XIV Colbert ennoblit l'industrie. Louis XIV fit tout avec le peuple. Si l'on en excepte les généraux, les hommes qui donnèrent le plus d'éclat à son règne, furent tous du tiers état. La gloire et la richesse étant devenus l'apanage de cet ordre, la noblesse voulut en vain s'en tenir séparée; on ne parla plus d'elle, on ne connut plus que la nation.

Quoique les seigneurs et le clergé possédassent plus de la moitié des terres, quoique leurs propriétés fussent exemptes de contributions, leurs richesses étaient loin d'égaler celles du peuple; parce que la terre n'a de valeur que celle que lui donne la culture, parce que l'industrie et le commerce mettaient entre les mains des hommes laborieux toute la fortune mobiliaire et disponible de l'état, et que le travail augmentait tous les jours leurs capitaux. Tandis que la noblesse oisive se ruinant en représentation, consommant ses revenus dans la mollesse, faisant tous les jours des pertes qu'elle ne pouvait réparer par une industrie qu'elle regardait comme avilissante, s'alliait aux familles plébéiennes, ou mendiait des faveurs, ou faisait des dettes, ou végétait dans l'oubli.

D'un autre côté, un clergé immoral et voluptueux, des moines fainéans, des curés ignorans n'avaient plus d'influence sur des hommes chez qui les lumières de l'antiquité avaient percé depuis long-temps, et aux yeux desquels elles avaient mis à nu toute la faiblesse des opinions gothiques.

En un mot, si l'on en excepte quelques familles patriciennes, dont la noblesse était devenue vraiment nationale par d'éclatans services rendus à l'Etat, il n'y avait plus en France rien de grand que sur le trône et dans le peuple, lorsque des besoins pressans auxquels les ordres privilégiés ne voulaient point subvenir, forcèrent le gouvernement à convoquer les états-généraux. En se déclarant asssemblée nationale constituante, ils ne firent donc que proclamer une révolution déjà faite dans les choses et dans les esprits.

On astreignit la propriété de la noblesse à l'impôt, on détruisit ses priviléges, on abolit des droits qui pesant sur les cultivateurs, sans pouvoir atteindre le commerce, la rendait odieuse sans l'enrichir. Elle se montra récalcitrante, on lui ôta ses titres, vaine pâture de l'orgueil, et depuis long-temps en but aux traits de la plaisanterie. En ceci l'assemblée constituante lui rendit un véritable service. Elle la plaça dans le peuple, dont elle voulait toujours se séparer, et la laissa maîtresse de réparer, par l'industrie, et sans déroger, les pertes légères que lui faisait éprouver l'abolition des droits féodaux. Les familles illustres ne perdirent rien de leur éclat, on ne les privera jamais du respect attaché aux noms et aux actions de leurs ancêtres. On a mis cette révolution sur le compte de la philosophie, c'est en vérité lui faire un honneur qui n'appartient qu'au bon sens. Quant aux excès, attribuons-les aux passions, et surtout aux vaines résistances qui ne contribuèrent que trop à les exciter.

Il est bien certain que la nation entière voulut l'égalité, la liberté politique et civile, la suppression de la dîme, des couvens et des priviléges, et la représentation nationale. C'est à cela que se bornèrent tous ses vœux, jamais elle ne désira ni la république, ni un changement de dynastie. Pouvait-elle vouloir la destruction d'un trône occupé par un descendant de Saint-Louis, et de Henri IV, d'un trône à l'abri duquel elle avait brisé les fers du plus honteux esclavage, et conquis sa liberté ? Non sans doute, elle aimait son Roi. Mais des menaces, des hostilités, un envahissement prochain excitèrent les passions. Les ambitieux en profitèrent, les factions se formèrent ; de là les crimes, l'anarchie, et enfin la tyrannie. Mais qu'on n'accuse point la nation des maux dont elle a été la première victime. Qu'on ne mette sur son compte que ce qu'elle a conservé de la révolution, que ce qui est consacré par la Charte, ouvrage de la plus haute prudence et de la plus profonde sagesse.

Ainsi, Messieurs, vous avez à vous défier de deux partis également dangereux : l'un veut ce qui était avant la révolution ; l'autre veut la recommencer. Je sais que l'un et l'autre veulent l'impossible ; mais, lorsqu'il s'agit de consolider le pacte social, il ne faut pas le confier à ses plus grands ennemis; ce serait retarder encore un bonheur dont nous ne pouvons trop nous hâter de jouir.

Quelles que soient nos relations extérieures, il n'en est pas moins vrai que nous nous trouvons dans une position absolue, plus voisine du bonheur et de la tranquillité intérieure, qu'aucune autre nation de l'Europe. On ne peut pas douter qu'il n'existe, partout, une maladie politique très-grave ; c'est que les peuples et les Rois vivent, sinon dans un état d'hostilité, au moins dans un état de défiance, qui est toujours le signe précurseur des révolutions. Il faut que les peuples et les gouvernemens se réconcilient, s'ils veulent s'y soustraire ; c'est à ceux-ci de faire les avances. Notre Roi les a faites avec cette noble franchise qui a toujours caractérisé ses ancêtres ; il ne veut pas seulement être notre Roi, il veut être notre législateur ; et ce noble dessein, qui doit lui mériter notre amour, le placera dans la postérité bien au-dessus de ses prédécesseurs.

La Charte est un traité de famille entre le peuple et son chef. Le Roi a trop manifesté ses intentions pour que l'on puisse les croire douteuses. Ainsi, Messieurs, le premier signe auquel vous reconnaîtrez les hommes dignes de vos suffrages, c'est une confiance absolue dans notre monarque, jointe au plus grand attachement à la Charte. Vous ne les trouverez point parmi ceux qui font consister le bonheur de la France dans le succès d'odieuses prétentions, qu'ils déguisent sous les apparences d'une fausse popularité. Vous ne les trouverez point dans ceux qui, ne sachant où s'arrêter, ne voyent point assez de liberté dans une constitution où elle n'a d'autres limites que celles qui sont posées par le plus grand intérêt de la société. Il ne s'agit point, Messieurs, de perfectionner la Charte, mais de l'exécuter sans restriction, et de débarasser la route sur laquelle on doit la faire marcher, de tous les obstacles qui pourraient gêner ses mouvemens. Que les idées des Députés ne se portent pas plus loin, car c'est le propre des gouvernemens représentatifs de se perfectionner d'eux-mêmes, sans effort, sans violence, avec le tems, par l'usage que l'on en fait, et de se mettre toujours au niveau de l'esprit public. Il ne faut donc point que vos Députés portent à la Chambre l'intention d'attaquer les opérations du gouvernement, mais celle d'éclairer le monarque, et de résister à toute loi d'exception, sous quelque prétexte qu'on la propose. C'est un principe incontestable, que les grands dangers de la patrie peuvent seuls motiver la suspension de la liberté individuelle et de la presse, et autoriser les Députés à confier au ministère un pouvoir despotique. Il est encore certain que, plus le danger est urgent, moins il doit durer, et que conséquemment si, après avoir obtenu une loi d'exception à une session des Chambres, les ministres en demandent encore la prolongation à la session suivante, ils appellent sur leur tête une effrayante responsabilité. Mais ce n'est point ici le cas de m'occuper de cette importante question, que je me propose de traiter dans une troisième lettre adressée à MM. les Députés.

Je veux seulement vous insinuer que, s'il est

nécessaire que les Députés aient la plus grande confiance au Roi; il faut qu'ils en aient aussi dans la nation, et qu'ils ne soient point disposés à adopter aveuglément tout ce que l'on pourra débiter, à la tribune, contre les dispositions des Français, que l'on accuse de manquer d'esprit public. Jetez donc vos vues sur des hommes étrangers à toute espèce d'exagération, sur des hommes dont le caractère ferme, mais modéré, garantisse les principes; sur des hommes qui, soit par leur conduite antérieure, soit par des intérêts opposés à l'intérêt général, ne portent au gouvernement ni au peuple aucun ombrage; choisissez, s'il se peut, des hommes nouveaux.

Je suis loin de vouloir appeler votre défiance sur ceux de MM. les éligibles qui ont paru avec quelque éclat dans nos différentes assemblées nationales; sans doute il en est qui méritent toute votre estime. Mais songez qu'il est difficile de renoncer à une doctrine que l'on a professée publiquement et de bonne foi; songez qu'il en est qui, après avoir manifesté les principes d'une démagogie effrenée, ont cherché dans la tyrannie l'impunité de leurs excès; qui d'audacieux républicains sont devenus d'infâmes délateurs de leurs concitoyens, et de la tribune des jacobins sont descendus dans la fange de l'esclavage : déplorables effets de l'exaltation qui nous conduit toujours de l'excès de l'impudence à celui de la bassesse.

Je ne veux point non plus jeter de la défaveur sur les anciens privilégiés. Ce serait un étrange principe, que de juger toujours de l'opinion des hommes par leur intérêt; je laisse cette idée à ces âmes étroites qui ont toujours calculé leur conduite privée et publique, leurs opinions et leurs écrits, sur les bénéfices ou la célébrité éphémère qu'ils pouvaient en tirer. Quelle raison aurions-nous de nous défier de ces familles vraiment nationales, qui n'ont jamais vu l'éclat de leur noblesse que dans la prospérité publique? des Noailles, des La Rochefoucault, des Montmorency, des Lameth, des Belzunce, seraient-ils donc indignes de votre choix? Je le crois d'autant moins que les hommes qui professent des vérités contraires aux préjugés de leurs castes, sont ceux qui donnent le plus de poids à la raison. Mais rejetez ces nobles ignorans qui pèsent encore les destinées de la France au poids de leurs poudreux parchemins.

Le mieux serait, peut-être, de faire abstraction de tout ce qui s'est passé antérieurement à la Charte. Mais, outre que la chose est impossible, je ne crois pas qu'il nous soit utile de perdre le souvenir des combats que nous avons livrés pour soutenir les principes que cette Charte a consacrés. Que quelques-uns des défenseurs de ces principes, emportés par la chaleur de la lutte, se soient trop avancés, ils ne m'inspirent pas pour cela la moindre crainte. Si donc je vous conseille de préférer des hommes nouveaux, c'est que, n'ayant point de pas rétrogrades à faire, et partant du point où la Charte et vos suffrages les auront placés, ils marcheront franchement avec elle, et surtout n'inspireront pas cette défiance toujours si dangereuse, même dans les gouvernemens consacrés par le tems et consolidés par l'expérience.

Cette fois vous devez vous attendre à voir les passions se présenter encore aux colléges électoraux, les unes avec leurs regrets, les autres avec leurs espérances, toutes avec le désir d'altérer l'ordre des choses, et de donner à vos vœux une direction contraire aux intérêts de la monarchie et de la Charte. Elles parviendraient à leur but si, par une faiblesse dont vous auriez cruellement à vous repentir, vous vous en laissiez un moment agiter; vous le verriez choisir le moment où elles auraient ébranlé votre sagesse et troublé votre modération, pour vous proposer des concessions mutuelles, afin, diront-elles, de concilier les partis. Croyez, Messieurs, que, si elles étaient parvenues à vous influencer au point d'oser vous faire une telle proposition, elles seraient alors assurées de leur succès.

Concilier les partis, c'est-à-dire, leur envoyer des auxiliaires, et mettre toujours en problème et la sagesse de la Charte, et le vœu de la nation ! Concilier les partis, c'est-à-dire, choisir des députés dans l'un et dans l'autre ! Eh, quand on veut concilier des ennemis, leur ouvre-t-on l'arêne, leur met-on les armes à la main ! Concilier les partis, c'est une proposition de factieux; vous la faire, c'est vous dire : Mettez les intérêts de la nation dans les mains de deux minorités irréconciliables. Il ne s'agit point de concilier ces partis, mais de les détruire. Soyez calmes, soyez fermes, soyez dignes de votre mission, et bientôt, perdant l'espérance qui les soutient encore, ils iront se fondre d'eux-mêmes dans la masse imposante d'une nation imperturbable, qui ne veut confier ses destinées qu'à des hommes dont les opinions antérieures, les désirs et les espérances actuelles, n'inquiètent ni le peuple, ni le monarque.

Mais où trouver ces hommes ? Eh ! Messieurs, ils sont sous vos yeux : écoutez la voix publique, écoutez votre conscience ; elles vous les désignent, elles vous les montrent parmi ces citoyens respectables qui ont eu également à gémir et des excès de l'anarchie et des horreurs du despotisme; dans ces hommes dont le cœur, fermé par nos longs malheurs, se rouvrit à l'espérance au retour du monarque et des principes de la liberté politique; dans ces hommes qui ne regardent point les rois comme les ennemis des nations, ni les droits des nations comme contraires aux intérêts de la puissance.

A cet égard, Messieurs, on ne vous a que trop prodigué les conseils : on vous a dit que les présidens des colléges électoraux étaient des candidats que le roi présentait à vos suffrages. Si telle était la pensée du monarque, il y aurait au moins de l'indiscrétion à la révéler. Mais soyez convaincus que ce monarque, qui veut environner sa sagesse et sa puissance de toutes les lumières de la nation, n'a point l'intention de vous désigner les hommes que vous chargerez de lui faire connaître et les vœux, et les besoins du peuple.

Il est des citoyens qui, consacrant leurs veilles à méditer sur les institutions politiques, se sont fait connaître par des ouvrages que la renommée publie, et dont l'estime générale a consacré les principes. On vous a dit, Messieurs, qu'il fallait laisser ces hommes dans leur cabinet, et ne pas les distraire de leurs travaux par des fonctions publiques. Je conçois très-bien que le génie n'a pas besoin d'une mission particulière pour être le conseil des rois et le législateur des peuples. Je conçois encore mieux que la sagesse préfère les méditations tranquilles du cabinet aux discussions animées de la tribune : mais il ne s'agit point, ici, de l'intérêt de ces messieurs, et, parce qu'ils préfèrent de paisibles études à l'éclat d'une mission publique, il ne s'ensuit pas que vous deviez vous priver de leur talent; ils se rendraient eux-mêmes coupables d'une bien froide indifférence, s'ils les refusaient à vos suffrages.

Je lis, dans une brochure qui se distingue de la foule des autres par beaucoup de sagesse, que «le mérite des bonnes institutions est d'aller parfaitement par le moyen des hommes ordinaires, et de n'avoir nul besoin du secours des hommes de génie, sur lesquels il serait trop imprudent de compter (1).» Cela est parfaitement vrai, lorsque ces institutions existent, et sont parfaitement établies.

Nous avons la Charte, mais cette Charte n'est que la base des institutions politiques. Et le génie de l'architecte ne me paraît point encore inutile, lorsqu'il s'agit d'élever un édifice dont les fondemens sortent à peine de terre. Et croit-on que ce génie soit superflu, lorsqu'il s'agit encore de coordonner nos lois civiles et criminelles, les administrations, les tribunaux et la procédure, avec les principes consacrés par cette Charte; lorsque

(1) Réflexions sur la nature et les limites des pouvoirs politiques en France; par M. L. de L., maire de la ville de Y.

rien n'est encore organisé ni dans l'armée, ni dans l'instruction publique (1) ? Je ne suis donc point d'avis, Messieurs, que vous laissiez aux hommes de génie le repos que l'on réclame avec tant de bienveillance en leur faveur.

A ce conseil on en joint beaucoup d'autres, que je ne peux réfuter qu'avec beaucoup de ménagement, parce que leurs auteurs se trouvent maintenant sous le poids d'une accusation, et que leur position, sans rien diminuer de mon estime pour eux, doit ajouter aux regards dus à des talens et à de bonnes intentions, que des erreurs et une imprudence ne peuvent faire entièrement méconnaître.

Ces messieurs, traçant au milieu de l'Europe une ligne imaginaire, l'ont divisée en deux nations également imaginaires, dont l'une produit et l'autre dévore. Cette étrange division, dont le résultat n'est au total que d'offrir d'un côté les gouvernemens, et de l'autre les peuples, présente dans ses conséquences quelque chose de si funeste, que je n'ai nul dessein d'en faire sentir l'inconvenance. Mais, comme toutes les fois que dans l'ordre politique on fait une séparation, il faut en venir à d'autres, il s'ensuit que l'on divise

---

(1) C'est ce que j'entreprends de prouver dans une lettre à Messieurs les députés.

et subdivise tant que de tous côtés l'on ne trouve que des fractions qui, avant d'être réduites à un dénominateur commun, ne peuvent jamais réformer un entier.

C'est en suivant cette marche, qu'au lieu de présenter une société comme un tout, dont l'intérêt se divise en autant de fractions qu'il y a d'individus, on a partagé cet intérêt en autant de fractions qu'il peut se trouver de corporations dans cette société : ce qui d'une opération toute simple fait un problème insoluble, et conduit à l'affreux résultat d'anéantir le lien public, le patriotisme et toutes les vertus.

Par une suite de cette opération, considérant les propriétaires qui vivent de leurs revenus, les propriétaires cultivateurs, les fabricans, les négocians, les avocats, les avoués et les militaires comme des classes divisées d'intérêt, ces écrivains ont plus particulièrement appelé vos suffrages sur les uns que sur les autres, et se sont surtout attachés à les détourner de tous les hommes qui tiennent au gouvernement par des places, des emplois, ou des pensions.

Sans m'arrêter à l'inconvenance qu'il y a de distinguer les intérêts du gouvernement de celui du peuple, puisqu'il est vrai qu'ils ne peuvent être séparés sans que le premier soit en guerre contre le second, et conséquemment dans le plus grand péril, je demanderai à ces messieurs si c'est l'amour de la nouveauté qui les a portés à exciter votre défiance contre certaines classes de la Société : et dans ce cas, je leur dirai que cette idée est aussi vieille que barbare, et convenable au despotisme, qui dans ses usurpations procède toujours d'après des données semblables.

Pour justifier ces préférences ou ces exclusions, il faudrait apporter quelques raisons, sinon bonnes en principe, au moins spécieuses par rapport à la circonstance où nous nous trouvons. C'est ce que l'on n'a pas fait.

Appelle-t-on votre préférence sur les hommes versés dans les finances ? on vous dit, pour la motiver, que le budjet est le principal objet des discussions de la chambre des députés ; comme s'il était une nation assez vile pour borner tous ses intérêts à payer plus ou moins d'impôts ; comme si l'argent était tout ; comme si la liberté et la sûreté individuelle n'étaient rien pour nous. Mais je veux qu'il en soit ainsi : croyez-vous, Messieurs, que l'on calcule les finances d'une nation comme des opérations de banque, ou des spéculations ? A Dieu ne plaise que cela arrive ! vous verriez bientôt se multiplier ces sortes d'emprunts qui sont toujours le pronostic certain d'une banqueroute plus ou moins éloignée.

C'est encore à cause de ce budjet que l'on

préfère les propriétaires qui font valoir leurs terres eux-mêmes, et les fabricans aux propriétaires qui vivent de leurs revenus.

D'abord, il est peu de propriétaires qui vivent uniquement de leurs revenus ; tous, si l'on en excepte quelques vieillards qui se reposent de leurs travaux, ou cultivent librement les lettres et les arts, ou se livrent à de profondes méditations, à des recherches utiles ; car il n'est pas de fardeau plus insupportable à l'homme que celui d'une vie oisive. Et c'est précisément dans cette classe, dont l'indépendance est la mieux assurée, que l'on trouve le plus de ces idées grandes et libérales, sur lesquelles reposent les intérêts publics, et qui sont la gloire des nations. Ceux qui possèdent d'immenses richesses, les dépensent en tableaux, en statues, en meubles précieux, en livres, en gravures, en équipages, et se rendent ainsi utiles en encourageant les arts, les fabriques et le commerce.

Quant aux propriétaires qui font eux-mêmes valoir leurs terres, qui enrichissent et embellissent nos campagnes, qui par leur exemple encouragent l'agriculture, qui par de nouveaux procédés forcent la terre à donner de nouveaux fruits, à devancer les époques ordinaires de sa fécondité, à doubler ses produits, et multiplient ainsi les sources de la fortune publique, j'avoue que je ne peux m'empêcher de jeter sur eux un regard de complaisance, et même d'admiration; mais le seul motif qui doit vous engager à leur donner la préférence, c'est qu'ils ont sous leur dépendance immédiate la classe utile et laborieuse du peuple, et qu'ils sont plus à portée de connaître ses besoins, ses intérêts, que les riches qui n'ont sous leurs yeux qu'une misérable valetaille, partout le rebut des nations.

Par la même raison, j'aimerais à voir votre confiance se porter sur ces fabricans qui entretiennent un grand nombre d'ouvriers : non que je veuille rappeler cette clientelle des Romains qui, faisant d'un seul particulier une corporation, amena la perte de la liberté. Je ne sais jusqu'à quand durera la manie de nous citer des anciens abus comme des exemples à suivre. Au reste, comme la propriété est le premier et le plus solide lien de la société, que tous les autres dépendent de celui-là, je ne sais pourquoi on préférerait les industrieux aux propriétaires, si ce n'est parce qu'on voudrait faire revivre l'idée des corporations, qui, de toutes les idées anti-sociales, est la plus extravagante.

On vous dit que les fabricans, triplant la valeur des produits bruts de la terre, sont d'une bien autre utilité à l'Etat que les propriétaires. Je veux admettre cette raison; mais, si vous en faites aussi la mesure de votre confiance, je pense, Messieurs, que vous n'enverrez à la Chambre des Députés que des fabricans de dentelles, des peintres et des graveurs; car ce sont ceux qui donnent le plus de valeur à la matière soumise à leur industrie. Vous voyez, Messieurs, combien de pareils motifs sont pitoyables et indignes de votre attention. Mais on en ajoute un qui, s'il était vrai, serait d'une bien autre importance.

Le fabricant, dit-on, tient plus à la patrie que le possesseur de terres, parce qu'en cas d'invasion, l'ennemi détruira la propriété de celui-là, tandis qu'il ne pourra ravir le domaine de celui-ci. Mais, si l'on fait toujours la guerre en brigands, on ne la fait plus en barbares; on pille, et l'on ne détruit pas. Il est, d'ailleurs, un sentiment plus puissant que l'intérêt sur le cœur de l'homme, un sentiment que le despotisme a pu éteindre un moment, mais n'a pu détruire; c'est l'amour de la patrie et des lois. Ce sentiment est plus fort chez le propriétaire que chez le fabricant: celui-ci peut secouer la poussière de ses souliers, et porter ses capitaux et ses instrumens sur une autre terre où il retrouvera la fortune et la liberté, tandis que celui-là est obligé de rester attaché à sa terre asservie, et que, s'il cherche ailleurs la liberté, il n'y trouvera que la misère : voilà pourquoi, dans les tems de crise, les riches thésaurisent ou placent leurs capitaux dans le commerce, parce que l'argent est toujours l'instrument de la liberté.

Voudrait-on, en envoyant à la Chambre un grand nombre d'hommes industrieux, appeler sur l'industrie la protection du gouvernement? Il faut que l'on sache alors que toute protection spéciale n'est pour elle qu'une entrave; que, si on l'encourage en un point, on la gêne en mille; qu'on lui fait prendre de fausses routes, où pour terme elle trouve toujours sa ruine; il faut que l'on sache, en un mot, que son intérêt est de marcher sans entraves comme sans appui.

Ces messieurs sont allés jusqu'à croire les militaires indignes de votre confiance.

Je ne répondrai point à ce qu'ils ont dit à cet égard; j'en appellerai à votre conscience, à vos cœurs encore pénétrés de reconnaissance pour cette partie intéressante de la nation, qui nous a couverts de gloire; qui, sans jamais prendre part aux excès de la révolution, en a supporté tous les maux, toutes les privations; qui, sans être complice des crimes de la tyrannie, en a été la plus noble et la plus intéressante victime.

Il serait assez étrange que ceux à qui on confie la défense de la patrie sur les champs de bataille, fussent indignes de défendre ses droits à la Chambre des Députés.

Craint-on qu'ils ne soient trop dépendans du Roi, qui est le chef de l'armée; n'est-il pas aussi notre législateur, et peut-on sérieusement séparer de la patrie celui qui nous a donné la Charte?

On veut aussi éloigner MM. les avocats : il est vrai que l'éloquence du barreau ne ressemble guère à celle de la tribune; il est vrai que ces messieurs, presque toujours habitués à douter du succès de leur cause, plaideront celle de la vérité avec plus de subtilité que de conviction, comme s'ils craignaient de la perdre.

Mais il en est dont l'éloquence mâle, toujours réservée pour les grandes circonstances, s'est développée avec tant d'éclat et de majesté lorsqu'il a fallu défendre les illustres victimes de l'anarchie et de la tyrannie, qu'on a lieu d'espérer de les voir briller à la tribune parmi les plus éloquens défenseurs des principes constitutionnels. Au reste, plus cette profession sera honorée, plus elle produira de grands sujets et de talens dignes de la tribune nationale.

Quant aux magistrats, aux administrateurs et aux militaires en activité, outre qu'on ne doit point les distraire de leurs fonctions, il est contraire aux principes qu'un homme soit à-la-fois juge, administrateur et législateur, à la solde du gouvernement, et représentant du peuple.

Ainsi, Messieurs, sans vous attacher à leurs

professions, choisissez, parmi MM. les éligibles, ceux dont le caractère, l'éducation, l'état, garantissent l'indépendance et les lumières ; ceux dont les principes garantissent l'attachement à la légitimité et à la Charte; ceux enfin qui, dans toutes les circonstances, ont montré un patriotisme aussi sincère qu'éclairé. Leurs intérêts sont les mêmes; tous, frappés par les mêmes contributions, astreints aux mêmes devoirs, ont aussi la même part aux droits communs.

Je dois dire cependant que ceux qui sont attachés par amour, par intérêt, par honneur, à leur profession, présentent une plus grande garantie au peuple que ces hommes qui, trop épris de l'éclat et de la gloire, sont disposés à les chercher dans les emplois et à la disposition du gouvernement. Mais cet amour même de la gloire est au moins, pour assez long-tems, une garantie de la pureté de leurs intentions.

OUVRAGES NOUVEAUX.

Manuel des braves, ou Victoire des armées françaises en Allemagne, en Espagne, en Russie, en France, en Hollande, en Belgique, en Italie, en Egypte, etc.; dédié aux Membres de la Légion d'honneur, par MM. Léon Thiessé, Eugène B***, et plusieurs militaires. 4 volumes in-12, ornés de gravures et de cartes du théatre de la guerre.

Le premier volume, qui contient les victoires des Français en Allemagne, vient de paraître.

Œuvres complètes de Voltaire, en 35 volumes in-12, *sans changemens ni suppressions*, augmentées d'un grand nombre de pièces inédites, et ornées de trois portaits.

Déjà le septième volume est en vente, et le huitième paraîtra au 31 juillet : la souscription ne sera définitivement fermée qu'au 31 août. Prix 3 fr. 50 cent. en papier d'Auvergne, et 7 en papier vélin.

La première livraison des gravures pour cet ouvrage, composée de douze vignettes, paraîtra dans les premiers jours d'août. Prix : 6 fr.

La Henriade travestie en vers burlesques, avec des notes critiques, par Fougeret de Montbron. 1 vol. in-12. Prix : 2 fr.

Monsieur Terme, ou *la Science de conserver les places*, faisant suite à l'art de les obtenir; par un employé *sous tous les régimes*, de 1788 à 18.7. Un vol. in-8.° Prix 2 francs 50 cent.

Revue politique en l'année 1817; par M. *****, avec *des remontrances politiques* attribuées à M de Ch***********, et insérées dans le Journal des Débats, du 5 juin 1817 In-8.° 1 fr. 50 c.

Relation circonstanciée de la campagne de 1813, en Saxe, par le baron d'Odeleben, l'un des officiers généraux de l'armée, et témoin oculaire; traduit de l'allemand par M. Aubert de Vitry. 2 vol. in-8.° Prix : 10 fr. et 13 fr. par la poste.

Un officier français a enrichi cet Ouvrage des Notes les plus patriotiques.

www.ingramcontent.com/pod-product-compliance
Lightning Source LLC
LaVergne TN
LVHW010102230826
846091LV00005B/2055
9782011759108